1 序幕——中國。上海

在上海車展會場上，對於那些準備購入人生第一部車的買主而言，未來一片光明，甚至燦爛奪目。在寬敞的展示間裡，身軀柔軟靈活的車展女郎身穿晶瑩閃亮的尼龍晚禮服與人造皮迷你裙，斜倚在流線形的擋泥板上，宛如達利筆下披掛在樹枝上的熔化錶面。夢幻般的概念車慵懶地在旋轉平台上迴旋著：吉利魔卡是一輛迷你油電車，掀背後廂大得超乎比例，打開後可以從中取出一部三輪電動摩托車；還有裝飾著鍍鉻柵板的吉利帝豪，配備V-8引擎、後座按摩椅與內建冰箱，介紹手冊聲稱「可讓人充分享受移動的樂趣」。

身在這擁擠的人潮當中，一個外來訪客的心緒不免在莞爾與敬畏之間擺盪。看到「長城風駿皮卡」、「江鈴陸風」與「詩經」這些車款名稱，實在很難不發噱。但另一方面，中國車商的厚顏大膽實在讓人印象深刻：小貴族幾乎是戴姆勒汽車公司的Smart車款翻版，力帆320顯然是仿造迷你庫柏（Mini Cooper），東風猛士則儼然是悍馬與通卡大卡車（Tonka

Truck）的混合體。每隔幾分鐘，隨著又一筆交易成交，展示間裡即可見到此起彼落的閃光燈，迴響著掌聲：洋洋得意的新車主獲得一束獻花、一幀裱框照片還有一袋禮品，同時接過車鑰匙，準備把一輛全新的朗逸、旗雲或美人豹開回家。

你幾乎能具體感受到現場的購買慾望。中國去年售出了一千四百萬部車輛，也就是說該國已然超越美國，成為世界上最大的汽車市場。在為期八天的展期內，將會有七十五萬人在上海車展那十七座有如停機坪般的展場出入——此地目前已是全世界最大的車展，超越紐約車展——排隊等著撫摸車身上的烤漆、操作排檔、開關車門，公然夢想著擁有現代世界的終極消費商品：私人汽車。

今年車展的一大新聞，就是超小型汽車已不再是焦點，各大車廠也將油電車與電動車拋在一旁，回頭推銷老式的汽油引擎轎車。多年來，售價不到五千美元的奇瑞ＱＱ——一輛雷根糖形狀的省油小車——一直是中國最暢銷的車款。不過，力爭上游的中產階級近來眼光又更高了。中國現在最暢銷的車款是速銳：一輛四門轎車，外形與豐田卡羅拉（Corolla）極為神似，標價九千三百美元。速銳在二〇一〇年賣出了二十五萬部以上，由此可見中國消費者已然踏出大躍進的一步，從入門小車進展到中型車。

展場上一輛配備電動天窗與儀表板空氣清新器的銀色速銳吸引了陳淑麗（音）的注意。她是一名來自上海靜安區的年輕媽媽，陪著先生一起來參觀車展。

「我們有個年紀還小的小孩。聽說速銳很安全，又實用，」陳淑麗說：「我們只是看看，還不確定是不是真負擔得起。我們現在沒有車。我沒在工作，我先生在一家工程公司上班，都搭地鐵通勤，一趟路程大概要四十五分鐘。我不確定他開車上下班是不是會縮短通勤時間。」她的先生已走到一旁去看一輛比亞迪S6，那是一輛零售價比速銳高出一倍的休旅車。「不過，」陳淑麗接著說：「我們想開車主要是為了探望我爸媽。他們住在浙江的一座小鎮裡，我們現在都得轉搭兩部公交車再叫計程車才到得了。我朋友大部分都還沒有車，出門都是搭公交車和地鐵。」

對於陳淑麗和她先生而言，車展上展示的車輛代表了一個具有身分地位、自由與便利的未來。不過，那些開車來看車展的人，卻早已體驗到一個遭到汽車大幅破壞的環境。在上海內環線這條雙層道路上，濃厚的煙霧讓人連前車的尾燈都看不太到，通往浦東的楊浦大橋——全世界長度數一數二的橋梁——也因此變成一座六線道停車場。在火力發電廠的助長下，中國更早已是全世界空氣污染程度最嚴重的國家：每年有六十五萬六千人死於煙霧導致的肺病與心臟病。另外還有一個令人驚恐的巧合——根據《上海日報》報導，車展舉行的當週，上海市出現了「至今為止最壞的空氣品質」。在這座人口多達兩千三百萬而且擠滿車輛的大都會裡，眾人呼吸的空氣已正式成為一種危害健康的物質。

不過二十五年前，上海唯一可見的汽車只有共產黨官員所搭乘、由司機駕駛的紅旗汽車。中國曾經與外界高度隔絕，在文化大革命期間，紅衛兵甚至提議以紅燈代表「通行」。上海的街道如今有兩百萬部車輛，為了紓解交通壅塞，政府收取高昂的車輛登記費，並且禁止腳踏車騎上主要幹道。和中國的塞車現象相較，洛杉磯的交通簡直有如田園般悠閒：二〇一〇年，北京西北部的駕駛人經歷了一場長達十天的塞車，車龍延伸達六十英里，橫跨兩個省分。為了促進交通順暢，中國在過去二十年間已建造一套總長達三萬三千英里的快速道路系統。這套道路系統目前的規模已超過歐盟的快速道路路網，更將在二〇三五年前超越美國的高速公路系統。到了那時，中國交通部門的二氧化碳排放量將遙遙高居世界第一位。

中國把西方長達百年的汽車發展史濃縮在短短幾年內完成，而且中國還不是唯一一例。在印度，汽車製造商拉丹·塔塔（Ratan Tata）推出了「奈米」（Nano）小車。這是一部寬五英尺的迷你車，極速每小時六十英里，標價兩千五百美元，是印度目前迅速增長、人數已達三億的中產階級負擔得起的價錢。塔塔指稱他認為每個印度人都應該擁有自己的車輛，但在班加羅爾與海德拉巴（Hyderabad）等城市，額外增加的數十萬輛低價汽車已經造成幾乎永遠疏通不了的交通堵塞。按照目前的發展速率，目前高達六億的全球汽車數預計將在本世紀中葉成長到將近三十億。這些新增的汽車有許多都將是中國或印度製造的產品，甚至可能絕大部分都是如此。中國的吉利汽車公司在不久之前買下了富豪汽車；塔塔買下了積架與荒原路華（Land Rover）；生產速銳的比亞迪汽車公司——傳奇投資家巴菲特是這家深圳企業的主要股東之一——更已設定目標，希望在未來五年內成為全世界最大的汽車製造商。

一名外來客若想逃離車展的擁擠人潮，可以有兩種選擇：第一是叫一輛計程車，闖入上海那可怕的車陣當中；第二則是搭乘地鐵。就在中國展開該國史上最雄心勃勃的公路興建計畫之際，他們也對都市大眾運輸及城際鐵路進行龐大的投資。重慶、杭州與成都——這些城市在西方人耳中聽來雖然非常陌生，卻都是人口比芝加哥還多的大都會——軌道總長達數千英里的全新地鐵系統都已接近完工。中國的主要都市早已由長度達五千英里的高速鐵路相連接——其中包括以兩百二十英里的平均時速往返於廣州與武漢的和諧號列車，而中國政府更計畫在二〇一五年前將高速鐵路路網擴展為目前的三倍。上海地鐵在第一座車站開張之後，短短十五年間已成長至十一條路線，軌道總長也達到兩百六十一英里，成為世界上最大的地鐵系統。

選擇速銳還是地鐵：中國在為了將來所進行的建設當中，為私人汽車與大眾運輸雙雙做了規劃。然而，地球的命運恐將取決於開發中世界的未來領導人會在這兩個選項之間做出何種取捨。他們若是依循西方世界的經驗，以汽車與高速公路為核心，建造蔓延廣大的城市，那麼地球的前景絕對不看好。他們若是把賭注押在大眾運輸、鐵路與適合行人步行的鄰里設計，那麼人類就還有希望。

至少就今天而言，陳淑麗和她先生做了務實的選擇。在車展逛了一個下午之後，他們走到幾百碼外的地鐵站，穿越閘門，在月台上看著懸掛螢幕上播放的孕婦裝與冰咖啡廣告，等著下一班列車到抵。搭乘一趟地鐵的費用相當於四十五美分，而且每一分半鐘就有一班車。列車上雖然人滿為患，乘客也不免為了爭搶座位互相推擠，但這些由龐巴迪公司製造的列車全都潔淨明亮，又有空調。這對夫妻在車廂中央找到了立足的空間，抓著垂掛在車頂欄杆上的拉環。不到半個小時，他們就回到了位於靜安區的公寓。

汽車也許不免引人夢想，但在未來成長迅速的城市裡卻可能不是最好的交通方式。在二十一世紀的上海，地鐵絕對是回家最快的一條路。

只有窩囊廢才會年過四十還搭地鐵。

——達利

二十六歲以上的人要是還搭公車，無疑是個失敗者。

——柴契爾夫人

引言

一名大眾運輸乘客的告白

我承認：我搭公車。

更重要的是，我經常搭乘地鐵、電車、輕軌列車與高鐵。我雖有駕照，卻從未擁有過汽車。除了偶爾租車之外，我在這四十幾年來的人生中，日常交通都是仰賴腳踏車、步行以及利用大眾運輸工具。要是你認同英國前首相柴契爾夫人所言，那麼我將近二十年來都過著失敗的人生。平日出入都由司機駕駛凱迪拉克接送的達利比較仁慈：根據他的說法，我身為窩囊廢只有幾年而已。但我絲毫不以自己的乘車票卡為恥，反倒認為這是榮譽的標誌：我是個大眾運輸乘客，而且只要我還能靠著自己的雙腿走到街角的公車站，我就打算保持這樣的身分。

我並不孤單。地球上雖有六億部車輛，而且數目還不斷增加，人口卻多達七十億，也就是說絕大多數的人類都是靠著公車、渡輪、通勤列車、電車與地鐵移動。換句話說，這些人往返於工作地點、學校或市場，都必須扮演大眾運輸乘客的角色：這樣的人不論出於自願還是被迫，都仰賴大眾運輸工具而非私人擁有的汽車。

紐約、多倫多與倫敦皆有半數人口不擁有車輛。在亞洲與非洲這兩座全世界人口最多的大陸上，大多數人也都利用大眾運輸工具往來各地。地鐵系統每天載運的乘客達一億五千五百萬人，是全球飛機乘客數的三十四倍，而且當今全球的大眾運輸市場據估一年的價值達四千二百八十億美元。在內燃機誕生後一個半世紀的今天，私人汽車仍是異常現象。

儘管如此，大眾運輸工具在許多人的心目中卻仍是光鮮亮麗的反義詞——是那些駕車違規太多次、沒錢負擔汽車保險或是體衰病弱得無法操控方向盤的人士不得不採用的交通方式。這種看法在北美洲的大部分地區確實沒錯：搭乘公共運輸工具實在是種令人沮喪的體驗。你只要在街角等過姍姍來遲的公車，上車之後又發現車上不僅人滿為患，行車速度更是緩慢不已；或是曾經奮力拖著行李搭乘地鐵或接駁車前往大城市的機場，就會知道這座大陸上的公共運輸工具通常都是經費不足、保養不佳，路線規劃也令人搖頭。只要有機會，誰不會想開車?自己開車幾乎總能讓人更快抵達目的地。

事實上，並非注定如此。大眾運輸若是做得好，速度可比自行開車更快、舒適度更高，成本也更低廉。在上海，德國製造的磁浮列車以兩百六十六英里的時速在高架軌道上滑行，以音速三分之一的速度將乘客送往機場。在法國的鄉下城鎮，電車安靜無聲地靠著橡膠輪胎行駛，沿著嵌於鋪石地面的單一導軌滑行於狹窄的街道上。從西班牙到瑞典，配備著無線網路的高速鐵路與路網綿密的地鐵系統無縫銜接，可讓通勤者當日往返距離遙遠的大都市參加會議，並在途中利用筆電準備會議所需資料。在拉丁美洲、中國與印度，上班族搭乘快速公車，行駛在有如地鐵般的公車專用道上，富人駕駛的轎車與休旅車只能在壅塞不通的車陣裡眼睜睜看著公車呼嘯而過。有些城市還把街道變為自行車高速公路，大幅提升公眾安全及健康，以及城市的居住舒適度，甚而將尋常的自行車轉變成一種可行的大眾運輸工具。

你若是認同人口統計學家的看法，那麼這種大眾運輸趨勢顯然具有可長可久的發展潛力。在二十一世紀初始長大的「千禧世代」，如今人數已超越嬰兒潮世代，他們在居住選擇上都傾向於捨市郊而就都市，也比父母更願意搭乘公車與地鐵。部分原因是他們習於使用iPad、MP3、Kindle與智慧型手機等電子產品：一旦不開車，即可利用通勤時間好好傳些簡訊，而且耳機又可大致隔離通勤過程中各種惱人的事物。儘管美國當前的青少年人數比以往都還要多，卻只有一千萬人持有駕駛執照（上個世代之前則是一千兩百萬）。嬰兒潮世代也許成長於《天才小麻煩》（*Leave It to Beaver*）影集裡的那種典型市郊居住區，但他們退休之後，卻有一大部分的人士寧可住在較為老舊的都市內與密集的城鎮裡，以便享有步行與騎單車的移動選項。此外，年老人士也較會搭乘大眾運輸工具；到了二〇二五年，美國將有六千四百萬人年齡超過六十五歲。目前，華盛頓特區、亞特蘭大與丹佛等地的老舊鄰里，特別是接近輕軌或地鐵車站的社區，房價都已遠高於市郊地帶。歐洲與亞洲城市的經驗顯示，只要政府願意建構便利、舒適、快速又安全的公車、地鐵與火車，放棄駕車而改搭大眾運輸工具的人口比例將會高得出乎意料。

對於那些希望自己居住的社區與外界隔絕、出入都駕駛休旅車，並且喜歡逛精品購物中心的人士而言，公共運輸系統在他們眼中恐怕永遠不免顯得鄙陋、危險又不便。不過，目前世界各地都已開始掀起一場移動方式的革命。先前以汽車為中心的城市已因此出現本質的變化，不但把街道轉變成較為宜人的場所，也恢復了城市迫切需要的元素：真正的公共空間。

石油大震撼

美國是史上汽車化程度最豪奢的國家。[1] 二〇一〇年，美國的登記車輛共有兩億五千五百萬部，持有駕照的駕駛人卻只有一億九千六百萬人。換句話說，現在美國的汽車與卡車數目對比駕駛人人數的比例為五：四。美國家戶平均擁有一．九部汽車，每年保養花費達一萬六千七百美元——這些還不包括停車與罰單的支出——比起飲食和醫療的花費加總起來還多。

二〇〇八年夏季，原油價格飆升到創記錄的每桶一百四十七美元。自此之後，原本在一九九〇年代每加侖要價不到一美元的汽油，在部分加油站的價格都已大致維持在一加侖四．五美元以上。這次價格飆升造成的震撼效果絲毫不亞於一九七三與一九七九年的石油危機。兩家世界最大的汽車製造商因此破產。曾是全球最大企業的通用汽車，在接受了五百億美元的政府紓困之後，現在已由美國財政部持有部分股份。二〇〇〇年代末的金融風暴雖然成因複雜，而且其中包括金融自由化與次級房貸等因素，但許多經濟學家皆認為高漲的油價對消費者信心帶來了致命一擊，從而導致經濟危機惡化成全球性的經濟衰退。

過去二十年來在日本早已蔚為風潮的去汽車化現象，如今可能也已傳入美國了。二〇〇九年，美國人的汽車購買數為一千萬輛，但卻報廢一千四百萬輛。這四百萬輛汽車的淨減數，是美國自第二次世界大戰以來首度出現的汽車數減少。（聯邦政府推行「舊車換現金」計畫〔Cash for Clunkers〕，以現金補助鼓勵民眾報廢舊車，換購較為省油的新車；不過，這項計畫僅促成七十萬部車輛汰換，因此在這減少現象中只扮演了極小的角色。）人均汽車行駛里程——目前最可靠的汽車依賴程度指標——在二〇〇五年左右開始下降，現在已達到自二〇〇〇年以來的最低點。在生產面上，汽車部門裡穩定的終生工作機會如今已成往昔回憶：隨著底特律的失業率逼近百分之二十，並有數以千計的住家遭到拆除，這座曾經號稱為「汽車之城」的都市已有不少地區回復荒野，在距離市中心僅有幾分鐘路程的地方即可見到河狸在水中建造水壩。

投注資金促使汽車產業復甦，原本應是明智的做法，問題是，能源生產的前景極為嚴峻，特別是在石化燃料方面。所謂的「石油頂峰」——亦即全球石油存量的消耗達到半數——長久以來一直被認為是陰謀論者所言，但近來卻已受到地質學家、金融家與石油業者公認為迫在眉睫的實況。二〇一〇年，高度保守的國際能源總署宣布指出，如果石油需求以「一切照舊」之姿持續成長，傳統石油的產量將在十年內達到峰頂。

「就算石油需求量維持在當前的程度不再升高，」國際能源總署首席經濟學家比羅爾（Fatih Birol）在二〇一一年坦言：「世界的每日石油總產量也必須增加超過四千萬桶——相當於四個沙烏地阿拉伯——才能抵銷當前的衰退情形。」

隨著舊油田逐漸乾涸，其他非傳統的石油來源——例如加拿大亞伯達省的油砂——已開始受到重視。不過，從油砂提煉石油需要消耗大量的水與天然氣，不但能源密集，也非常有害環境。用在從頁岩沉積層當中提煉天然氣的水力壓裂技術，早已被人懷疑是導致北美洲地下水普遍遭受污染的元凶。深水地平線漏油事件在二〇一〇年的三個月間導致兩億加侖的石油流入墨西哥灣，更是突顯出目前人類為了取用地球上僅剩的石油已有多麼慌不擇路。顯而易見的事實是，我們早已在極短的時間內耗用太多石化燃料，對地球造成傷害。我們若徹底用盡地底尚存的石油，將會釋放出三兆噸的二氧化碳，足以帶來最可怕的全球暖化後果，造成冰帽與冰河融化、海洋酸化，沿海城市也將慘遭淹沒。換句話說，「一切照舊」正是通往全球災難的途徑。

當前使用的石油、不久之後即將用罄的石油，有太多都用在讓汽車與卡車奔馳於道路上。全世界百分之九十的石油都用為運輸燃料，單是美國的汽車與卡車所消耗的石油量就已達一天九百萬桶，占全球每日石油產量的十分之一。[2] 全球汽車產業雖然試圖以電動車及油電混合車扭轉形象，但以電力做為替代燃料的做法本身就問題重重：美國有半數的電力來自燃燒後會產生二氧化碳的煤，而且此一比例還逐年攀升。

石油頂峰不是二〇〇八年夏季油價飆漲的成因——中國、印度及其他開發中國家的需求上升才是較直接的原因——但高價乃是一項預兆。阿拉伯世界的動盪不安已導致油價高度不穩，有些經濟學家更預測原油價格可能將在二〇一五年漲到每桶兩百美元，也就是說，加油站的汽油價格將高達一加侖十美元。不論怎麼看，廉價能源的前景都不看好。偏遠市郊地區可容納三輛車的大車庫遲早將成為難以想像的奢侈享受，汽車文化也將出現劇烈變化。

儘管現在說不定已有某個當代愛迪生在堪薩斯州的工作室裡發明出低成本的可攜式低溫核融合反應爐，但就算明天立刻出現一部零排放的神奇轎車，只需加自來水即可行駛，而且排出的還是帶有薰衣草香的廢氣，也仍然解決不了汽車的基本問題。汽車從來就不是適合美國城市的科技。以汽車做為全世界的大眾運輸工具，更是一大災難。

汽車的禍害

一八九九年九月十三日，一個名叫布里斯（Henry Bliss）的房屋仲介在紐約西七十四街與中央公園西路的交叉口踏出電車，結果右側車道的一輛計程車為了閃避卡車撞上他，碾碎了他的頭部與胸部。他在第二天傷重不治。美國第一位汽車事故的死者就是布里斯。

不過，你若是想找出最近一位汽車事故死者是誰，恐怕非常不容易：光是在剛剛這一分鐘內，世界上就有兩個人命喪輪下。汽車每年在世界各地奪走一百二十萬人的性命，造成兩千萬人受傷。[3]這樣的大屠殺相當於每天有十幾架滿載乘客的巨型客機墜毀，而且毫無生還者；然而，車禍又因為早已成了家常便飯，以致絕大部分的死亡事故都未受報導——彷彿玻璃與金屬的撞擊已成死亡的另一種「自然因素」。相較之下，戰爭剝奪人命顯然缺乏效率：在十至二十四歲的人口當中，汽車早在許久之前就已擊敗武裝衝突，成為該年齡層的首要死亡原因。

光是從公眾健康的基礎，我們就足以提出反對汽車的充分論據。雖然美國汽車排放標準已有所改善，但造成的污染每年仍然奪走三萬名美國人的性命。研究證明擁有汽車會讓人變得又胖又懶：一項針對亞特蘭大駕駛所進行的調查顯示，每天開車的時間每增加一小時，肥胖的程度就會增加百分之六。（一九六九年，美國孩童有半數都靠步行或騎腳踏車上學，當時的兒童肥胖率為百分之十四。今天，百分之八十四的兒童都由父母駕車載送上學，體重過重或肥胖的兒童比例也提高到百分之四十五。）待在車上的時間也與社交隔離有強烈相關：每天駕車通勤十分鐘，對於社區事務的參與就會下降百分之十。美國人待在車上的時間極長，腫瘤科醫師指稱駕駛人的身體左側罹患皮膚癌的機率遠比右側還高。

不過，汽車最惡性的衝擊是在於建築環境上。從無尾巷乃至沃爾瑪商場占地上百英畝的停車場，現在都會地區都吞噬了面積大得難以想像的土地。舉例而言，美國的達拉斯與沃斯堡（Fort Worth）已融合成一座面積與以色列一樣大的集合城市。美國有極高比例的人口都住在所謂的「蔓延型都市」——低密度的單一家庭住宅雜亂散布於都市邊緣，幾乎沒有任何規劃。結果就是這些居民全都徹底仰賴汽車。為了載送孩子上學、上賣場購物以及開車上下班，一般家戶每天平均開車出入十一趟。此外，柏油也的確占用了許多土地：若是將全美的柏油路面集合起來，將可形成一座面積比喬治亞州還大的停車場。

即便在經濟衰退時期，汽車文化的宣傳仍然到處可見。消費者不斷被告知擁有車輛能帶來自由：可讓不安分的叛逆人士擺脫令人窒息的都市街道，上六十六號公路快意奔馳；可讓厭倦嘈雜的都市人利用週末到國家公園好好歇息；可讓人在諸事不順時暫時出逃。從史坦貝克的《憤怒的葡萄》（*The Grapes of Wrath*）裡那輛載滿床墊的老爺車，到凱魯亞克（Jack Kerouac）的《在路上》（*On the Road*）書中由狄恩駕駛的那輛一九四九年份的哈德遜汽車，還有湯普森（Hunter S. Thompson）的《懼恨拉斯維加斯》（*Fear and Loathing in Las Vegas*）裡的「大紅鯊」，以及最新一集的《玩命關頭》電影當中那些改裝得讓人眼花撩亂的本田跑車，流行文化裡的典型汽車是一張通往冒險的門票。（在一則廣告裡，一名年輕人把鬧鐘設定在清晨四點，以便開他新買的福斯汽車出外兜風。確實沒錯。在大部分的都會地區，道路只有在凌晨時分才會空曠到足以讓人覺得堪為享受。）私人汽車永久地大幅擴展了我們的視野。不過，在這個過程中，我們周遭的世界也全被鋪上柏油。

情況為什麼會變得這麼糟？在北美洲，數十年來的政府政策已使得私人汽車成為實際上的大眾運輸工具。十個美國人中就有九人開車上班，而且這些駕車通勤者有四分之三以上都是獨自開車上班。由於交通壅塞，美國人目前每天平均通勤時間為五十一分鐘，而美國有三百五十萬人口都算得上是極端通勤者，上下班就得花費三小時以上。經濟學家甚至量化了這種現象的荒謬性。德州交通研究中心（Texas Transportation Institute）指出，交通壅塞造成的時間與燃料浪費，導致美國經濟每年損失一千一百五十億美元——平均每人損失八百零八美元。即便目前經濟衰退，這個數字仍比過去十年間提高了百分之五十。此外，通勤時間長短也與不快樂的程度息息相關。一項針對通勤時間長達兩小時以上的德國駕駛人所進行的研究顯示，他們的收入必須比非通勤者高出百分之四十，才會滿意自己的生活，而夫妻之間若有一人的通勤時間超過四十五分鐘，離婚機率也高出百分之四十。

汽車不可能在短時間內消失。汽車一方面有如蠶繭讓人與外界隔離，另一方面又有如馱馬，它巧妙地調和了人類兩種互相矛盾的衝動：一邊是對於家與安全的需求，另一邊是對於出外流浪體驗世界的渴望。在偏遠的鄉間地區，汽車的載運能力至關緊要；在城市裡，汽車也有許多無可取代的功能——因此，汽車這項發明畢竟太有用，永遠不可能徹底消失。的確，由於過去幾個世代以來以汽車為中心的發展，無車生活看起來也許像是一種不可能的夢想（特別是對於正在養育幼年子女的夫妻而言）。根據目前大部分都會地區的規劃型態，呼籲禁絕車輛恐怕有如要求眾人丟掉冰箱，靠冰桶過活；或是丟掉吸塵器，只靠掃把清理家中一樣。然而，汽車文化已經碰到瓶頸——而且這很可能是件好事。我們正該藉此機會省思自己不合理的夢想：包括為所有人興建暢通無阻的高速公路、為大眾打造寬廣的市郊居住環境，以及讓家家戶戶都擁有一輛休旅車。

還有一項長期趨勢也對汽車不利。由於農業持續工業化，目前已是人類史上都市人口首度多於鄉下人口的時代。往後三十年間，全世界的都市人口預計將再成長三十億人。未來是都市的世界，而這點對於地球很可能是一項利多：人口密集聚居在都市裡，不僅可讓鄉間與荒野地區免於不該有的人類衝擊，也比分散的市郊社區更節省能源。不過，如果都市化帶來的是時間更長的交通壅塞、無止盡的都市蔓延、更多的碳排放以及全球大塞車，那麼我們就得面對一個簡單的現實。

人類若不開始想像減少汽車數量的未來，恐怕也沒什麼未來可言了。

軌道與尾燈

我對汽車的敵意由來已久，但我這種感受是有充分原因的。在我還小的時候，我們舉家搬到北美洲西北岸。當時我們的街道充斥汽車，導致我們沒辦法玩街頭曲棍球與踢罐子遊戲，這種狀況必定在我幼小的心靈裡喚起追求城市規劃的志向。我用腳步測量了我們的街區之後，用厚紙板蓋了一座模型，以「大富翁」遊戲的飯店棋子充當房屋，將我們的街道規劃成汽車禁行區，運送貨物以及當地交通的車輛都行駛於後巷。我帶著這座模型到當地電視台，熱切地倡議將街道轉變為公園——一個八歲大的城市規劃專家，身穿白色套頭毛衣，蓄著鍋蓋頭，對於行人交通安全懷有強烈的意見。

後來，二十歲出頭的我鬱鬱不得志，在一家牙技所擔任送貨司機。那份工作一點都不迷人：我打卡上班，整天開車找尋停車場，提著一袋袋的假牙搭乘辦公大樓裡的電梯，然後再打卡下班。每週工作四十小時的我從擋風玻璃後看著這個世界，對於腳步緩慢的行人與突然竄出的自行車騎士愈來愈憤怒，儼然成了電影《計程車司機》裡憤世嫉俗的主角。下班之後，我便騎上腳踏車，立刻搖身變為一個偽君子，在回家的一路上詛咒著汽車以及汽車排放的廢氣。在六個月的開車生涯裡，我被追撞過兩次；而且，我還肩膀酸痛、腰圍胖了一圈，每天在車陣當中累積下來的激動情緒也導致我的脾氣變得暴躁不已。

有一次，在送完貨返回牙技所的途中，我朝後視鏡瞥了一眼，看見我後頭的一輛小型車突然停了下來，無疑是爆胎或引擎熄火了。當時我們正在市區快速道路上一段視線不佳的長彎道，因此我立刻心知那名駕駛陷入大麻煩了。我才剛看見他臉上的驚慌表情，接著便看到他被後方一輛十八輪大貨車追撞，整個人從窗戶飛了出來。我沒有看到後果——大家都知道沒有路肩的快速道路不能停車——但我永遠忘不了那個人臨死之前的恐慌神情。那天打卡下班之後，我就辭掉了那份工作。

當時我便下定決心，汽車不會在我的人生中占據重要地位。不只是因為開車討生活的工作單調乏味，而是汽車給我的感覺就是不對。我覺得自己在塑膠、玻璃纖維與金屬構成的車輛中每待一刻，彷彿就是少活了一刻。我後來踏上旅遊作家的職業道路，更進一步證實了我的直覺：搭乘飛機——可以，這是達成目標的必要手段；搭乘火車與船隻——完全沒問題；至於開車呢——只有在別無其他選擇、逼不得已的情況下才勉強為之。能讓我覺得意義最深厚的地方，往往都是我步行抵達之處。

讀者可別誤會——擔任送貨司機的經驗並沒有對我造成什麼性格上的創傷；我沒有因此罹患強烈的汽車恐懼症。我活在真實世界裡，也就是說我仍然會定期更換駕照，必要時也會租車。我在青少年時期曾經瘋狂熱愛底特律的各種酷炫車輛；即便到了今天，一輛保養良好的雪鐵龍ＤＳ還是會吸引我的目光。不過，對我而言，這種零頭款、月付兩百九十九美元即可獲得的輕鬆移動方式，是一種惡性循環的開端，從此將讓人陷進自私、上路暴躁與道德淪喪的無底深淵，生活中的目標也只剩下購物中心與閉鎖的高級社區。我現在抱持的信念是：你如果真的想在這世上享有自由，絕對不要買車。

過去幾年來，北美洲已出現一項重大變化。在佛羅里達州、內華達州、亞利桑那州與加州，有許多龐大的市郊社區、「以距離換取低房價」的住宅區以及邊緣城市，原本都是在認定石化燃料會永保低價的前提下而建成，現在卻因為次級房貸災難造成的後果而陷入危機。隨著報紙上充斥許多報導，提到農場式住宅被人當成製毒工廠，以及廢棄的「偽豪宅」被拾荒者將水管與電線拆除一空，人口統計學家也宣告市郊的貧窮人口已超越了市區——這種情勢的逆轉，在上個世代以前是無法想像的。過去備受醜化的「市中心貧民區」，近來已開始看似是個適合人居的好地方。工廠已從舊市區中心搬遷到州際公路旁，因此市區也跟著擺脫了工廠造成的污染。此外，儘管都市街道上的交通仍然壅塞不已，都市裡的污染煙霧在過去二十年來卻因為愈來愈嚴格的汽車排放標準而消退了不少。現在的紐約市人口平均壽命甚至還比全美平均多了一年半。

「太久以來，聯邦政策其實鼓勵了都市蔓延、塞車與污染，而不是高品質的公共運輸與明智永續的發展。」歐巴馬總統在二〇〇九年的一場都市事務高峰會上如此宣稱。在他執政下，聯邦政策開始將部分公共資源轉移到都市，並且特別強調改善大眾運輸。從洛杉磯到紐約，陸續有許多新的地鐵軌道鋪設，而軌道運輸也再次成為進步與市政成就的象徵。在美國街道上消失已久的電車，也開始出現在各個意想不到的地區，如休士頓、丹佛與鹽湖城。

就許多方面而言，我們已經進入都市公共運輸的黃金時代：精密的軟體與導航設備可讓公車與火車的發車更有效率、升高的搭乘率提供了改善服務所需的經費、可重複儲值的票卡讓轉乘變得相當便利，智慧型手機也讓通勤人士能夠取得即時車班資訊。隨著大眾開車的頻率降低，對於公共運輸的需求也隨之成長：二〇一〇年，美國公共運輸的載客量創下五十四年來新高，達到一年一〇二億人次。對於像我一樣、認為人生不該只是繞著私人汽車打轉的人，以上種種都是絕佳的消息。

就某部分而言，本書講述是一項壞主意的故事：這個壞主意就是認為我們的大都會應該依循汽車而不是人的需要來建構。昔日那些條理分明的鄰里遭到匝道與高架道路恣意切割，導致生活品質下降之後，居民便逐漸遷出，於是快速道路也就從此嵌入大都市的肌理內。汽車縮減了公共空間，從而將原本美妙的都市變成了不宜人居的環境。

除此之外，本書也將講述若干極佳的構想。世界各地許多充滿活力與理想的人士都致力復興一度遭到遺棄的鄰里。這種運動被賦予了各種不同名稱：大眾運輸導向發展、智慧型成長、新都市主義。這些做法一旦「遇人不淑」，也有可能只是空口白話，甚至淪為各種徒然浪費資源的措施，和草率建設的市郊社區一樣有害無益。不過，宜居城市與宜行小鎮的倡導者可能確實發現了通往未來的重要途徑——只要在發展中納入規劃明智的大眾運輸，我們即可創造更加永續而且——這點尤其至關緊要——更為文明的社區。

在此要提醒讀者一聲：我不是鐵道迷，不是電車狂，也不是鐵路機動車的愛好者（鐵道迷又稱為「飛沫客」，因為他們只要一談起轉向架與集電弓，總是不免口沫橫飛；不過，他們倒不必然是「電車狂」，對於古董電車乃至燃油驅動的鐵路機動車不一定具備廣博的知識。）我雖然喜愛大都市的地鐵系統帶有的那種粗獷魅力，也認為搭乘火車旅行是人生中的一大樂趣，但我對運輸科技的興趣卻遠次於我對城市的熱愛。簡言之，我之所以喜歡地鐵、公車與火車，原因是我認為這些運輸工具比汽車與高速公路更能造就良好環境。

另外還有一點。我在過去二十年來走訪了許多城市。我的九〇年代初期在巴黎度過，旅行過程中也曾在歐洲、亞洲與美洲的許多大都市待過好幾個月。雖然看著自己的朋友與家人搬遷到市郊或鄉下，我卻從沒失去對舊市中心的信心。儘管我知道市中心的房租有可能多貴，污染有多嚴重，闖空門的情形有多常發生，交通狀況又有多可怕，但在我眼中，都市生活向來都是利多於弊。況且，城市的環境也明顯變得愈來愈好了。才不過短短幾年間，我就目睹了明智的都市主義、運輸政策與人口變動如何將生活品質原本僅是尚堪忍受的城市轉變成真正適宜人居之處。

後來，我發現蒙特婁似乎具備了我對城市要求的各項條件，又認識了艾琳這位讓我想定下來的女子，於是我的觀點便真正開始出現轉變。不久之前，艾琳和我結婚，我們一起買下一間房子。過了不久，艾琳說她懷孕了。在我當初開始規劃這場旅程時，為人父母還只是想像中的情景。現在我真的即將身為人父了，我先前對於城市的未來提出的問題也就不再那麼抽象。我發現自己想知道艾琳和我是否做了正確的選擇；還是說我父母那一輩在二十世紀拋下了交通壅塞、空氣污染與犯罪猖獗等現象都愈來愈嚴重的城市才是正確的做法；或者，我們是不是能夠藉著一點想像力與意志力，將二十一世紀的城市重新塑造成民眾會想在其中生活、茁壯，建立家庭的地方。

我知道，若要回答這個問題，我得看看世界各地的人士正採取什麼措施，以改善他們的城市環境。雖然這只是我的直覺猜測，但我認為，只要跟著軌道與人行道，而不是尾燈與高速公路，即可找到我目標中的城市。

1 運輸學者以「汽車化」（motorization）一詞描述一個國家裡私有汽車的普及程度。只要每一千人當中有四百部汽車，即是達到了大規模汽車化。美國在一九五八年達到大規模汽車化；中國目前每一千人當中有一百二十三部汽車，預計將在二〇五〇年達到大規模汽車化。

2 飛機的耗油量雖然非常大，但這種空中載具的數目卻遠遠少於地上的車輛。據估計，航空產業排放的溫室氣體佔總量的百分之三，汽車——還不包括卡車與摩托車在內——就占了百分之十。在全球暖化的人為成因當中，汽車造成的危害僅次於發電廠。

3 儘管有安全氣囊與安全帶的保護，美國每年仍有超過四萬人死於車禍，因此造成的經濟損失更達四千三百三十億美元。